AF358247

ORDONNANCE DU ROI,

Concernant les Milices Garde-côtes des Provinces de Picardie, Normandie, Poitou, Aunis, Saintonge & Guyenne.

Du 5 Juin 1757.

DE PAR LE ROI.

SA MAJESTE ayant été informée que le service des Milices Garde-côtes avoit été entièrement négligé, Elle a jugé à propos dès l'année dernière, dans la vûe d'y mettre plus d'ordre & de règle, de faire faire de nouvelles difpofitions dans les Capitaineries Garde-côtes de fes Provinces maritimes de l'Océan, qui tendent principalement à exercer & difcipliner les Miliciens

A

A

qui compofent les compagnies détachées defdites Capitaineries;
à l'effet de quoi il lui a paru convenable d'établir des Infpecteurs
généraux, pour avoir le commandement des Milices Garde-
côtes dans chaque Province. Sa Majefté voulant auffi difpenfer
les Miliciens defdites compagnies détachées, de fe fournir
d'armes & de munitions à leurs frais, ainfi qu'ils y ont été
affujétis par l'ordonnance de la Marine du mois d'août 1681,
& par le règlement du 28 janvier 1716; Elle a ordonné qu'il
leur en feroit fourni de fes magafins: Et comme Elle a déjà
prefcrit par fon ordonnance particulière du 25 février 1756
ce qu'Elle veut être obfervé à cet égard dans fa province de
Bretagne, Elle a ordonné & ordonne ce qui fuit, qu'Elle
veut être exécuté dans fes provinces de Picardie, Normandie,
Poitou, Aunis, Saintonge & Guyenne, en attendant qu'Elle
explique définitivement fes intentions par des règlemens
particuliers.

ARTICLE PREMIER.

SA MAJESTÉ révoque les provifions & commiffions dont
font actuellement pourvûs les Capitaines, Majors & Lieutenans
des Capitaineries Garde-côtes defdites provinces, lefquels
continueront néanmoins de jouir pendant leur vie des mêmes
exemptions & priviléges dont ils jouiffoient. Révoque auffi
Sa Majefté les commiffions dont font actuellement pourvûs
les Capitaines des compagnies détachées defdites Capitaineries,
& tous autres titres qu'Elle avoit ci-devant fait expédié à
divers Officiers Garde-côtes, foit en qualité d'Aides-majors
ou autrement.

I I.

IL fera fait par la fuite une nouvelle divifion des Paroiffes
qui

qui devront compofer chaque Capitainerie Garde-côte, Sa Majefté fe réfervant de fixer par des règlemens particuliers le nombre defdites Capitaineries, ainfi que le nombre & la force des compagnies détachées qui feront affectées à chaque Capitainerie.

I I I.

IL fera établi par Sa Majefté des Infpecteurs généraux qui auront le commandement des Milices Garde-côtes fous l'autorité des Gouverneurs ou Commandans généraux dans lefdites provinces, lefquels Infpecteurs généraux feront obligés à réfidence dans le département où ils feront placés, & rendront compte de toutes leurs opérations au Secrétaire d'Etat ayant le département de la Marine.

I V.

CHAQUE Capitainerie Garde-côte fera commandée par un Capitaine général, qui aura fous lui un Major & un Aide-major, pour avoir particulièrement le détail de ce qui concernera les compagnies détachées; & en outre un Capitaine général du Guet, & un Lieutenant du Guet pour avoir le détail de ce qui concernera les compagnies du Guet.

V.

CHAQUE compagnie détachée fera commandée par un Capitaine, qui aura fous lui un ou deux Lieutenans, fuivant la force des compagnies.

V I.

LES Infpecteurs généraux auront rang de Colonel, les Capitaines généraux de Lieutenant - colonel, les Majors de Capitaines d'Infanterie & premiers Capitaines de la Garde-côte, & comme tels commanderont à tous Aides-majors des

Capitaineries, aux Capitaines des compagnies détachées, &
aux Capitaines généraux du Guet; & les Aides-majors auront
rang de Lieutenant d'Infanterie, à moins qu'ils n'euffent déjà
la commiffion de Capitaine, auquel cas veut Sa Majefté que
ceux qui en feroient pourvûs en confervent le rang; & à
l'égard de ceux qui n'avoient pas la commiffion de Capitaine,
elle pourra leur être accordée après deux années de fervice en
qualité d'Aide-major, fur le compte qui fera rendu de leur
zèle & capacité au Secrétaire d'Etat ayant le département de
la Marine, par les Infpecteurs généraux Garde-côtes.

V I I.

LES Capitaines généraux Garde-côtes, de même que les
Majors, rouleront entre eux, chacun dans leur grade, fuivant
l'ancienneté de leurs commiffions. Si leurs commiffions fe
trouvoient de même date, celui qui aura fervi auparavant dans
un grade fupérieur, ou le plus long-temps à grade égal dans
les troupes réglées, commandera de préférence; en cas d'égalité
de grade & d'ancienneté de fervice, ils tireront enfemble pour
prendre le rang que le fort leur donnera; & s'ils n'avoient
pas fervi dans les troupes réglées, mais feulement dans les
Milices Garde-côtes avant la préfente ordonnance, ils prendront rang entre eux fuivant le grade & le temps qu'ils auront
fervi précédemment dans lefdites Milices.

V I I I.

LES Capitaines des compagnies détachées auront rang
entre eux du jour & date de leurs commiffions, & au cas
qu'elles fuffent de même date, ils fe conformeront aux difpofitions portées par l'ordonnance du 31 janvier 1735.

I X.

IL fera expédié des provifions, commiffions & brevets à

tous les Capitaines généraux, Majors & Aide-majors des Capitaineries, & des commiſſions à tous les Capitaines des compagnies détachées & Capitaines généraux du Guet qui ont été déſignés l'année dernière par un état que Sa Majeſté a approuvé, ainſi qu'à ceux qu'Elle a auſſi agréés depuis pour remplir les emplois qui ſont devenus vacans.

X.

VEUT Sa Majeſté qu'il ſoit pris ſur les proviſions, commiſſions & brevets accordés aux Capitaines généraux, Majors & Aides-majors, l'attache de l'Amiral de France, devant qui leſdits Officiers prêteront ſerment, ou devant ſes Lieutenans aux ſiéges d'Amirauté dans le détroit deſquels ils ſeront établis, & y feront enregiſtrer leſdites proviſions, commiſſions & brevets. Il ſera payé aux Officiers d'Amirauté pour tous droits de prêtation de ſerment, réception & enregiſtrement deſdites proviſions, commiſſions & brevets; ſavoir, par les Capitaines généraux la ſomme de ſix livres, par les Majors celle de cinq livres, conformément à l'ordonnance de Sa Majeſté du 3 juillet 1725; & celle de vingt ſols par les Aides-majors.

X I.

LES Capitaines des compagnies détachées & les Capitaines généraux du Guet, prendront auſſi l'attache de l'Amiral de France ſur leurs commiſſions, qui ſeront enregiſtrées par extrait au Greffe de l'Amirauté du reſſort; pour lequel enregiſtrement il ſera payé par leſdits Officiers vingt ſols pour tous frais & droits, conformément à l'ordonnance de Sa Majeſté du 4 novembre 1734.

X I I.

JOUIRONT les Inſpecteurs généraux, les Capitaines généraux,

Majors & Aides-majors, les Capitaines des compagnies détachées, & les Capitaines généraux du Guet, de l'exemption de
tutelle, curatelle, nominations à icelles, & autres charges de
ville, & ce fervice leur tiendra lieu de celui qu'ils pourroient
rendre dans les armées, de même qu'au ban & arrière-ban dont
ils feront exempts.

<h2 style="text-align:center">X I I I.</h2>

Pour exciter tous les Officiers ci-deffus à remplir avec
zèle & exactitude les fonctions de leurs emplois, Sa Majefté
veut bien leur faire efpérer de participer aux graces qu'Elle
accorde aux Officiers de fes troupes, fur le compte qui fera
rendu de leur conduite & de leurs actions au Secrétaire d'Etat
ayant le département de la Marine, par les Gouverneurs &
Commandans généraux defdites provinces, & par les Infpecteurs généraux.

<h2 style="text-align:center">X I V.</h2>

Se réferve Sa Majefté de fixer par les règlemens particuliers
qui interviendront, les appointemens qu'Elle jugera à propos
d'accorder aux Infpecteurs généraux par proportion à l'étendue
de leur département, ainfi que ce qu'Elle eftimera devoir être
payé chaque année aux Officiers des Etats-majors des Capitaineries Gardes-côtes, pour les dédommager des dépenfes
qu'ils feront obligés de faire à l'occafion de leur fervice.

<h2 style="text-align:center">X V.</h2>

Il fera fourni aux Infpecteurs généraux un logement convenable dans le lieu de leur département qu'ils auront choifi
pour y faire leur réfidence.

<h2 style="text-align:center">X V I.</h2>

Lesdits Infpecteurs généraux, chacun dans leur département,
propoferont

propoferont au Secrétaire d'Etat ayant le département de la Marine, les Officiers qu'ils eftimeront propres pour remplir les places qui feront vacantes dans les Etats-majors des Capitaineries.

Le Capitaine général de chaque capitainerie continuera de propofer audit Secrétaire d'Etat ayant le département de la Marine, les Officiers qui conviendront pour les places de Capitaines de compagnies détachées & de Capitaine général du Guet qui feront vacantes, après toutefois qu'il les aura fait agréer par l'Infpecteur général, & les uns & les autres defdits Infpecteurs généraux & Capitaines généraux des capitaineries, ne pourront propofer, fous quelque prétexte que ce foit, pour les emplois de la Garde-côte, aucun Officier employé au fervice de Sa Majefté, foit dans des places fixes ou attachés à quelques régimens, ni aucun autre dont l'habitation ordinaire feroit à plus de fix lieues de la capitainerie pour laquelle il feroit propofé.

X V I I.

LES Infpecteurs généraux ne pourront, en temps de guerre, s'abfenter de leur département pour plus d'un mois, fans en informer le Secrétaire d'Etat ayant le département de la Marine, à l'effet d'obtenir un congé de Sa Majefté.

Les Capitaines généraux des capitaineries ne pourront auffi, en temps de guerre, s'abfenter de leur réfidence pour plus de quinze jours, fans en avoir obtenu la permiffion du Gouverneur ou Commandant général dans la province : lorfqu'ils feront dans le cas de s'abfenter pour plus d'un mois, ils feront tenus de s'adreffer audit Gouverneur ou Commandant général, pour leur faire obtenir un congé de Sa Majefté ; &

dès qu'ils l'auront obtenu, ils en donneront avis à l'Inspecteur général.

Les Majors, Aides-majors & autres Officiers des capitaineries ne pourront également, en temps de guerre, s'absenter de leur résidence pour plus de quinze jours, sans une permission de leurs Capitaines généraux, qui seront tenus d'en rendre compte à l'Inspecteur général, & pour plus d'un mois sans une permission du Gouverneur ou Commandant général de la province, laquelle sera demandée pour eux par leur Capitaine général, qui en rendra compte à l'Inspecteur général.

X V I I I.

LES Inspecteurs généraux feront, chaque année, les revûes générales des capitaineries garde-côtes de leur département; à cet effet, ils feront avertir chaque Capitaine général, du jour qu'ils auront fixé pour la revûe de sa capitainerie, & du rendez-vous où elle devra s'assembler; & après ces revûes faites, ils en enverront un extrait au Secrétaire d'Etat ayant le département de la Marine.

X I X.

LESDITS Inspecteurs généraux, les Capitaines généraux & autres Officiers de la garde-côte, ne pourront ordonner aucune imposition, charroi, ni corvée dans les paroisses ou villages de leur district; & lorsqu'il y aura des munitions & ustensiles pour l'usage des compagnies détachées à voiturer, ils s'adresseront à l'Intendant de la province ou à son Subdélégué. Quant au service que les Milices garde-côtes doivent aux batteries, il y sera pourvû par les règlemens particuliers qui interviendront.

X X.

Tous les habitans non claffés dans les paroiffes des pro- vinces de Picardie, Normandie, Poitou, Aunis, Saintonge & Guyenne, fitués, tant fur le bord de la mer, qu'à la diftance de deux lieues des côtes, depuis l'âge de feize ans jufqu'à foixante, qui ont été jufqu'à préfent fujets au fervice de la garde - côte, continueront d'être affujétis audit fervice, & lefdites paroiffes feront exemptes, comme par le paffé, de fournir des hommes pour les Milices de terre.

X X I.

Les Charpentiers de navires, Calfats & autres ouvriers uniquement affectés au fervice de la Marine ou à celui des particuliers qui équipent des vaiffeaux, tant en guerre qu'en marchandifes, & defquels, quoiqu'ils n'aillent pas à la mer, il eft tenu regiftre dans les bureaux des claffes, pour les envoyer, fur-tout en temps de guerre, travailler dans les ports de Sa Majefté, tant aux conftructions & radoubs de fes vaiffeaux, qu'à divers autres atteliers, ne feront point incor- porés dans les compagnies détachées de la Garde-côte, mais feulement dans celles du Guet quand ils ne feront point em- ployés pour le fervice de Sa Majefté, & qu'ils fe trouveront chez eux.

X X I I.

Les Syndics des paroiffes, & les habitans chargés de la collecte des tailles & de la perception des vingtièmes, ne feront point non plus incorporés dans lefdites compagnies détachées, ni même dans celles du Guet, pendant le temps qu'ils exerceront lefdits emplois, pour la nomination defquels l'ordre du tableau fera toûjours fuivi. Veut Sa Majefté que

A v

s'il s'en trouve quelques-uns actuellement en place, ou à la veille d'y entrer suivant l'ordre dudit tableau, qui aient été incorporés dans lesdites compagnies, ils en soient tirés à l'instant pour vaquer aux fonctions de leur recouvrement, sauf à y rentrer après ledit recouvrement achevé.

X X I I I.

LES Tailleurs de pierre, Maçons & autres ouvriers qui feront demandés pour le service des bâtimens civils de Sa Majesté dans les ports ou dans les forts, ne pourront être dispensés de suivre cette destination quand bien même ils seroient incorporés dans les compagnies détachées. Ils seront tenus, avant leur départ, de présenter au Capitaine de leur compagnie, l'ordre qu'ils auront reçû d'aller travailler à ce service, & à leur retour, ils rentreront dans les mêmes compagnies.

X X I V.

IL sera libre aux habitans, depuis l'âge de seize ans jusqu'à trente-cinq, qui n'auront pas encore été à la mer, de s'engager, s'ils le jugent à propos, sur les navires qui font la course, le commerce ou le cabotage, quand bien même ils auroient été incorporés dans les compagnies détachées ou du guet; bien entendu cependant qu'ils seront déclarés navigateurs, & comme tels, sujets à être embarqués trois mois au plus tard après la déclaration qu'ils auront faite du dessein où ils seront de prendre le parti de la navigation; sans quoi ils seront rétablis sans difficulté dans leurs compagnies, & y continueront leur service.

X X V.

LE service des Sergens, Caporaux, Anspessades, Fusiliers,

Tambours & Canonniers des compagnies détachées, formées l'année dernière fuivant les intentions de Sa Majefté, par les ordres du Commandant en chef des provinces maritimes de l'Océan, fera de fix années confécutives, après lefquelles ils feront licenciés & remplacés par d'autres.

X X V I.

LES hommes licenciés après avoir fini leur temps de fervice dans lefdites compagnies détachées, ne pourront être contraints à rentrer dans lefdites compagnies détachées, que lorfque tous les autres habitans des paroiffes affectées à la compofition de leurs compagnies, & qui feront propres pour le fervice, auront rempli le même fervice; mais ils feront employés dans les compagnies du Guet.

X X V I I.

LORS des remplacemens à faire dans lefdites compagnies détachées, formées l'année dernière, chaque Capitaine de compagnie détachée choifira les Sergens, Caporaux, Anfpeffades, Tambours & Canonniers qu'il croira les plus capables de remplir ces places, lefquelles ne pourront être données qu'à des hommes qui auront encore trois années à fervir; & fera tenu ledit Capitaine, pour les Sergens, d'avoir l'approbation de fon Capitaine général.

X X V I I I.

LES habitans de l'intérieur des terres, qui viendront demeurer dans les paroiffes fujettes à la Garde-côte, ne pourront entrer dans les compagnies détachées, pendant les deux premières années de leur féjour dans lefdites paroiffes de la côte. Ils feront fujets pendant lefdites deux années aux mêmes charges que ceux de la paroiſſe qu'ils auront quittée, & pourront en conſéquence être réclamés comme fuyards de la milice de terre.

X X I X.

LES habitans des paroiſſes ſujettes à la garde-côte, qui abandonneront leur réſidence pour ſe retirer dans celles de l'intérieur des terres, & qui ne ſeront ni claſſés, ni incorporés dans les milices Garde-côtes, pourront être pris pour Miliciens de terre, dès avant la fin de la première année de leur ſéjour dans les paroiſſes où ils ſe feront retirés.

X X X.

AUCUN Milicien des compagnies détachées de la Garde-côte ne pourra s'engager dans les troupes de terre ni de mer pendant les ſix années qu'il ſera employé dans leſdites compagnies, à peine d'être arrêté & conduit dans les priſons de la capitainerie, pour être jugé conformément à ce qui ſera réglé par les ordonnances qui interviendront. Défend Sa Majeſté à tous ſes Officiers de terre & de mer, d'engager aucun deſdits Miliciens, à peine de deſobéiſſance & de nullité d'engagement.

X X X I.

LE ſervice des compagnies détachées Garde-côtes, ainſi que celui des compagnies du Guet, ſera réglé par le Gouverneur ou Commandant général dans chaque province, ſuivant l'exigence des cas; & s'il étoit fait des détachemens aux redoutes, corps-de-garde, batteries ou autres poſtes, où les circonſtances exigeroient plus de quatre jours de ſervice par les mêmes détachemens, il ſeroit pourvû à la ſolde deſdits détachemens à commencer du cinquième jour de ſervice juſqu'à celui auquel

13

ils feroient relevés, & ce, fur le pied qui fera déterminé par les règlemens particuliers qui interviendront.

X X X I I.

DANS les cas où lefdites compagnies détachées feroient affemblées en corps pour la défenfe & la garde de la côte, il feroit également pourvû à leur folde ainfi qu'il eft porté par l'article précédent.

X X X I I I.

LES armes qui feront fournies aux compagnies détachées Garde-côtes, feront dépofées dans le magafin qui fera établi dans le lieu d'affemblée de chacune defdites compagnies détachées; ne pourront lefdites armes être tirées dudit magafin que pour les revûes ou pour d'autres caufes concernant le fervice, fur les ordres du Capitaine général de la capitainerie, & elles feront rapportées audit magafin immédiatement après.

X X X I V.

IL ne fera pareillement délivré que fur les ordres du Commandant général de la capitainerie, de la poudre & des balles auxdites compagnies détachées.

X X X V.

LES Capitaines généraux, Majors, Aides-majors & autres Officiers des compagnies détachées Garde-côtes, porteront toûjours leur uniforme fous les armes, les Officiers & Sergens des compagnies détachées feront armés d'un fufil & d'une bayonnette, & porteront une giberne.

X X X V I.

L'UNIFORME des Miliciens des compagnies détachées Garde-côtes, fera blanc, avec un petit parement aux manches & un collet bleu, & des boutons plats de cuivre jaune. Il n'y aura point de boutons fur les manches, & le chapeau fera bordé de laine blanche.

L'habit des Sergens aura fur le parement des manches un bordé de laine jaune & un fecond galon au milieu.

Celui des Caporaux & Anfpeffades aura un feul bordé fur le parement.

Celui des Canonniers aura un galon qui couvrira la couture du parement.

Les Tambours feront habillés de la petite livrée du Roi.

X X X V I I.

Les Tambours de la Garde-côte battront l'ordonnance comme l'Infanterie françoife.

X X X V I I I.

Les Miliciens des compagnies détachées Garde-côtes, joui-ront en temps de guerre, pendant le temps feulement qu'ils feront employés dans lefdites compagnies, des exemptions qui feront expliquées par les règlemens particuliers pour chaque province.

X X X I X.

Quand les compagnies détachées Garde-côtes devront s'affembler, foit lorfqu'elles en auront reçu l'ordre, ou en cas d'alarme, tout Sergent, Caporal, Anfpeffade, Canonnier, Fufilier & Tambour defdites compagnies détachées, qui, fans une permiffion de fon Officier, dont il fera rendu compte fur le champ au Commandant, ne fe fera pas rendu au lieu in-diqué pour l'affemblée, quoique averti, ou qui après s'y être rendu, quittera fa troupe fans permiffion par écrit de fon Commandant, fera par lui condamné à huit jours de prifon;

& le Capitaine général en rendra compte à l'Inspecteur général de son département.

X L.

TOUT Milicien desdites compagnies détachées, qui manquera à l'obéissance qu'il doit à ses Officiers en ce qu'ils lui ordonneront pour le service de Sa Majesté, sera puni sur le champ de quatre jours de prison. Il en sera rendu compte au Capitaine général, qui, suivant l'exigeance pourra ordonner une plus longue détention, & en ce cas il en informera l'Inspecteur général.

X L I.

TOUT Milicien desdites compagnies détachées, qui quittera son poste sans ordre, étant en faction, ou qui se retirera pendant quelque action, sera condamné aux galères & même à mort, suivant les circonstances.

X L I I.

TOUT Milicien desdites compagnies détachées, qui osera se révolter ou lever la main contre ses Officiers pour les offenser ou frapper, sera condamné à mort.

X L I I I.

VEUT Sa Majesté que les dispositions portées par le règlement du 2 mai 1712, soient observées par rapport aux jugemens à rendre pour les crimes & délits militaires qui seront commis par les Milices Garde-côtes; & en conséquence Elle défend à tous Officiers assemblés pour juger lesdits crimes & délits, de faire exécuter les jugemens qu'ils rendront, qu'après en avoir reçu l'ordre de Sa Majesté par le Secrétaire d'Etat ayant le département de la Marine, auquel lesdits jugemens seront envoyés.

A

X L I V.

Tous les habitans defdites paroiffes fujettes à la Garde-côte, depuis l'âge de feize ans jufqu'à foixante, qui ne feront point claffés, qui feront fans infirmité & qui n'auront pas été mis dans les compagnies détachées Garde-côtes, formeront, comme ci-devant, les compagnies du Guet, & feront tenus, comme par le paffé, de fe fournir de fufils & de munitions.

X L V.

Chaque compagnie du Guet aura un Commandant par paroiffe, fous le titre de Capitaine, Lieutenant ou Sergent, fuivant la force de la paroiffe, lequel fera pourvû par le Capitaine général de la capitainerie d'une commiffion vifée par l'Infpecteur général, & approuvée par le Gouverneur ou Commandant général de la province.

X L V I.

Indépendamment des Capitaines & Lieutenans de paroiffes de la Garde-côte pour commander les compagnies du Guet, il y aura par chaque capitainerie un Capitaine général du Guet, & fous lui un Lieutenant du Guet, ainfi qu'il eft porté par l'article IV de la préfente ordonnance, lefquels Capitaine général & Lieutenant du Guet auront rang avec les Capitaines & les Lieutenans des compagnies détachées, & pourront, comme lefdits Officiers des compagnies détachées, être pourvûs aux emplois de l'Etat-major, fur le compte qui fera rendu à Sa Majefté de leur zèle & capacité. Lefdits Capitaines généraux & Lieutenans du Guet feront chargés particulièrement de faire exécuter par les Commandans des paroiffes, les ordres qu'on les chargera de leur adreffer, & ils rendront compte au Capitaine général de la capitainerie de tout ce qui concernera le service defdites compagnies du Guet.

X L V I I.

LES compagnies du Guet ne feront affujetties à aucun service en temps de paix, mais en temps de guerre elles fourniront les gardes & détachemens qui leur feront ordonnés par le Gouverneur ou Commandant de la province.

X L V I I I.

LORSQUE lefdites compagnies du Guet, ou partie, feront commifes en temps de guerre à la garde de quelques poftes, elles feront alors fous les ordres des Officiers de garde fur la côte, & feront tenues de leur obéir fans difficulté en tout ce qu'ils leur ordonneront pour le fervice de Sa Majefté. Se réferve au furplus Sa Majefté d'expliquer plus amplement fes intentions, tant au fujet du fervice du Guet, que fur les punitions à impofer à ceux qui tomberont en faute.

X L I X.

SERONT au furplus exécutées les difpofitions des précédentes ordonnances rendues pour le fervice de la Garde-côte, en ce qui n'eft point contraire à la préfente.

MANDE & ordonne Sa Majefté à Monf. le Duc de Penthièvre, Amiral de France, au Commandant en chef des provinces maritimes de l'Océan, aux Gouverneurs ou Commandans généraux efdites provinces de Picardie, Normandie, Poitou, Aunis, Saintonge & Guyenne, & autres Officiers qu'il appartiendra, comme aufli aux Intendans & Commiffaires départis efdites provinces, de tenir la main, chacun en droit foi, à l'exécution de la préfente ordonnance qui fera enregiftrée aux greffes des amirautés defdites provinces. FAIT à Verfailles le cinq juin mil fept cent cinquante-fept. *Signé* LOUIS. *Et plus bas*, PEIRENC DE MORAS.

LE DUC DE PENTHIE'VRE,
Amiral de France.

VÛ l'ordonnance du Roi ci-deffus & des autres parts, à nous adreffée. MANDONS à tous ceux fur qui notre pouvoir s'étend, de l'exécuter & faire exécuter fuivant fa forme & teneur; & ordonnons aux Officiers des Amirautés de la faire enregiftrer à leurs greffes. FAIT à Paris le vingt-huit juin mil fept cent cinquante-fept. *Signé* L. J. M. DE BOURBON. *Et plus bas*, Par Son Alteffe Séréniffime. *Signé* ROMIEU.

POUR LE ROI. { *Collationné à l'original par Nous E'cuyer Confeiller Secrétaire du Roi, Maifon, Couronne de France, & de fes finances.*

A PARIS,
DE L'IMPRIMERIE ROYALE.

M. DCCLVII.